AF313777

DANIEL,

OU

LA FOSSE AUX LIONS,

PANTOMIME DIALOGUÉE

EN TROIS ACTES ET A SPECTACLE,

Par M. FRÉDÉRIC,

Musique composée et arrangée par M. SCHAFFNER ;

Divertissemens de M. BLACHE fils ;

Machines par M. POULET ; Décorations peintes par M. ALAUX ;

Représentée, pour la première fois, à Paris, sur le Théâtre de la Porte-Saint-Martin, le 9 Juillet 1817.

PARIS,

Chez BARBA, Libraire, Palais-Royal, derrière le Théâtre Français, N°. 51.

De l'Imprimerie de HOCQUET, rue du Faubourg Montmartre, n° 4.

1817.

PERSONNAGES.	ACTEURS.

NABUCHODONOSOR, roi de Baby-
lone. . . . . M. *Defrêne.*
DANIEL, prophête juif. . . . . M. *Dugi.*
MISAEL, }
AZARIAS, } jeunes hébreux élevés par Daniel { M. *Lancelin.* { M. *Théodore.*
OREB, chef des mages. . . . . . M. *Bayle.*
ZAILA, fille d'Oreb. . . . . . . Mlle. *Lacaille.*
ARIOC, grand officier de Nabuchodo-
nosor. . . . . M. *Livaros.*
Un Auge . . . . Mlle. *Sidonie.*
Un Vieillard hébreux . . . . . . M. *Vissot.*
Un Chef de Tribu israélite. . . . . M. *Baudot.*
Un Officier du Roi. . . . . . . M. *Breton.*
Mages guerriers.
Israélites des deux sexes.
Peuple de Babylone.
Danseurs et Danseuses.
Anges, Songes, etc.

La scène est à Babylone.

DANIEL,

ou

LA FOSSE AUX LIONS,

Pantomime dialoguée.

ACTE PREMIER.

Le Théâtre représente les Jardins du Roi de Babylone.

SCENE PREMIERE.

Au lever du rideau, les Israélites forment divers grouppes. Les uns roulent des pierres énormes; les autres portent des blocs de marbre précieux, ceux-ci transportent des poutres, charpentes et autres matériaux pour la construction du palais de Nabuchodonosor. Des Officiers du roi surveillent et dirigent les travaux.

Misaël sort du pavillon; sa démarche est lente, ses yeux baissés vers la terre; on voit que des réflexions pénibles occupent sa pensée; il lève les yeux, les promène sur tout ce qui l'entoure, et posant la main sur son cœur, exprime qu'il est en proie à de cruelles souffrances.

SCENE II.

Azarias arrive par le fond, il s'avance vers le pavillon et est près d'y entrer, lorsqu'il aperçoit Misaël qui vient s'asseoir sur un banc de marbre à l'extrémité de la scène. Il s'approche de lui, paraît surpris de la tristesse profonde dans laquelle il est plongé.

(4)

Il cherche à le distraire et n'y peut parvenir; pendant ce tems, les Israélites qui n'ont point discontinué leurs travaux, s'éloignent peu à peu; Misaël et Azarias restent seuls.

AZARIAS.

Qu'as-tu donc, frère? pourquoi cette sombre mélancolie? il · a peu de tems tu partageais nos jeux, nos plaisirs; une douce satisfaction se peignait dans tes traits, et tu mettais ton bonheur à te trouver près de nous; maintenant, tu fuis notre présence, tu ne te plais que dans la solitude et tu sembles en proie à quelque peine cruelle que tu crains de confier à l'amitié de ton frère. D'où peut venir un tel changement? je cherche vainement à le savoir; ton sort est le même. Privés de nos parens dès notre enfance, amenés dans ces lieux par les soldats du roi de Babylone, nous devions y vivre dans l'esclavage; mais le ciel, touché de nos malheurs, nous fit retrouver dans le prophète Daniel, le père qu'il nous avait ravi. Chéris, protégés par ce sage, estimés de Nabuchodonosor, nous sommes affranchis des travaux auxquels nos compatriotes sont condamnés, et nous vivons heureux au sein de ce palais.

MISAËL.

Heureux!

AZARIAS.

Que peux-tu desirer? la liberté des Israélites? le pouvoir de retourner dans notre patrie? rappele-toi les paroles du sage Daniel: les ordres du seigneur doivent être accomplis; irrité contre son peuple, il l'a soumis aux Babyloniens; sa main toute puissante peut un jour briser nos fers, et nos ardentes prières peuvent seules hater cette époque désirée.

MISAËL.

Tu t'abuses, cher Azarias; plût au ciel que le malheur de mes compatriotes fût l'unique cause de mes chagrins! je n'aurais pas du moins de reproches à me faire! mais, hélas! ce n'est pas là ce qui porte le désespoir dans mon âme! les maux de mon pays ne sont plus rien pour moi! maîtrisé par une passion funeste!..... Azarias, laisse-moi me taire encore; ne blâme point mon silence, et sois sûr que le plus cruel de mes tourmens, est de ne pouvoir te confier mes secrets, dans la crainte de rougir à tes yeux.

AZARIAS.

Que dis-tu? le disciple chéri du sage Daniel peut-il avoir oublié les leçons de son vertueux maître? Non, la douleur trouble ta raison: reviens à toi, Misaël, tombe aux pieds de notre protecteur, ouvre-lui ton âme toute entière et sois certain qu'il adoucira tes maux. Tu connais sa bonté, son indulgence; vingt fois, tu le vis implorer le Très-Haut en faveur des coupables Israélites; reprends courage et songe qu'il peut tout pardonner, hors les offenses faites au dieu d'Israël.

MISAËL.

Et voilà ce qui cause ma terreur!

(5)

AZARIAS.

Qu'entends-je ?

MISAEL.

Azarias, je suis certain de ton amitié ; toi seul peux me guider dans ce moment terrible !... et quoi qu'il m'en coûte, tu vas connaître enfin tous les maux qui m'accablent. Puisse cette marque de ma confiance t'intéresseer à mes peines, et ne pas me ravir ta tendresse !

AZARIAS.

Peux-tu le craindre ?... Parle, Misaël, et compte sur l'amitié de ton frère.

MISAEL.

Apprends donc la vérité. Une passion violente s'est emparée de tout mon être ; une jeune fille, dont les grâces et la beauté doivent subjuger tous les cœurs, m'a inspiré le plus ardent amour. Rien ne peut éteindre la flamme qui me dévore, et je renoncerais plutôt à la vie qu'à la possession de ma charmante Zeïla.

AZARIAS.

A quelle tribu cette jeune vierge appartient-elle ?

MISAEL.

Ah ! mon frère !... Née à Babylonne, élevée dans le temple des Idoles, elle méconnaît le dieu d'Israël ; en un mot, conçois l'étendue de mon malheur !... Oreb, le ministre des faux dieux que Babylone adore, Oreb, le chef des mages, est son père !

AZARIAS.

Oreb, ce pontife cruel, le plus implacable ennemi des Hébreux !. O Misaël !

MISAEL.

Crois que j'ai combattu long-tems avant de céder au pouvoir de l'amour !... J'ai voulu fuir Zéila, je me suis privé du bonheur de la voir !... mais enfin la passion qui me domine a triomphé de ma faible raison ; j'ai osé me présenter devant Oreb, je lui ai tout avoué, je l'ai supplié de m'accorder la main de Zaïla ; il a d'abord rejetté mes prières ; cependant touché de ma constance, des larmes de sa fille dont la tendresse est égale à la mienne, il a promis de nous unir, si je jurais d'abandonner le peuple d'Israël et de me vouer au culte des dieux de Babylonne.

AZARIAS.

Et tu as pu consentir ?...

MISAEL.

Ah ! loin de l'accuser, plains le sort de ton malheureux frère !

« Il retombe accablé sur son siége ; l'horreur et l'effroi se peignent dans tous les traits d'Azarias ; il reste plongé dans la douleur. »

SCENE III.

Des Israélites reparaissent au fond du théâtre, traînaut de nouveaux blocs, etc.

Azarias annonce l'arrivée de Daniel; tous les travaux sont suspendus, et à l'instant où Daniel paraît, il se trouve entouré par tous les israélites qui s'agenouillent devant lui, baisent le bas de sa robe, et élèvent vers lui leurs mains tremblantes.

Daniel comtemple avec délices les marques d'amour et de respect qu'ils lui prodiguent de toutes parts. Misaël seul n'a osé s'approcher; la présence du prophète l'a glacé d'effroi, et il se tient à l'écart, cherchant à cacher, aux yeux de son maître, le trouble qui l'agite.

SCENE IV.

Arioc entre en scène, et sa seule présence force les Hébreux à reprendre leurs travaux; cependant un vieillard s'éloigne lentement du prophète et semble le quitter à regret. Arioc le pousse brutalement, et veut le maltraiter, Daniel s'y oppose; il relève le vieillard que cet officier a fait tomber, le reconduit jusqu'au lieu du travail, et, aidé d'Azarias, il lui recharge son fardeau. Arioc s'éloigne en exprimant la haine que lui inspire le peuple Juif et particulièrement Daniel.

SCENE V.

Le prophète, en quittant les Hébreux, aperçoit Misaël; il s'arrête, la colère se peint un moment dans ses yeux, mais bientôt à la vue de l'embarras de ce jeune homme, et de la douleur qui altère ses traits, une douce pitié succède à l'indignation que Daniel avait d'abord manifestée. Il s'approche, Misaël troublé, fait quelques pas pour aller au-devant lui, et s'incline profondément. Daniel l'interroge, lui demande la cause de sa tristesse; Misaël, dont l'agitation redouble, résiste , puis, posant la main sur son cœur, il exprime qu'il est en proie à des tourmens affreux !...

Daniel lui montre le ciel : c'est là, lui dit-il, qu'il faut adresser ses vœux. L'effroi se peint dans les regards de Misaël, il n'ose lever les yeux au ciel, les remords qui déchirent son âme lui font craindre d'y lire son arrêt. Daniel attendri, lui tend la main, Misaël se précipite sur cette main bienfaisante, il l'arrose de ses larmes; sa poitrine se goufle, son secret est prêt de s'échapper de ses lèvres.

Dans ce moment le son de la trompette annonce la fin des travaux et l'heure du repas.

SCENE VI.

Les Hébreux accourent en foule ; des esclaves sortent du pavillon habité par Daniel, et apportent dans de grands paniers, des subsistances destinées aux israélites; on apporte une petite table qu'on place devant le prophète ; il partage le repas des Hébreux, et n'a rien de plus que ses compatriotes.

Quand chacun a reçu sa part, Daniel prend la sienne et la consacre à l'éternel : tout le monde s'agenouille. Misaël a refusé les mets qui lui ont été offerts, et demeure plongé dans la douleur.

Tous les Hébreux se dispersent; les uns sortent, les autres s'assayent au fond du théâtre, et forment divers grouppes.

SCÈNE VII.

DANIEL, MISAEL, AZARIAS.

AZARIAS.

Prends donc, cher Misaël, pourquoi refuse-tu de partager avec nous ce repas destiné à réparer nos forces? ô mon frère ! ta douleur sera-t-elle éternelle? ne pourras-tu triompher de ton désespoir?

MISAEL.

Ah ! que mon sort est affreux !

AZARIAS.

L'aveu de ta faute pourrait adoucir l'horreur de ta situation; aie le courage de tout réveler au prophète !

(8)

MISAEL.

Moi !... Tu veux donc que j'expire à ses yeux de honte et de remords! Non, Azarias, mon crime est trop grand pour qu'il me reste quelque espoir de pardon.

AZARIAS.

Tout peut se réparer encore ; entraîné par une passion fatale, tu as promis de tout sacrifier à l'objet de ton amour ; mais déjà le repentir s'est emparé de ton cœur ; tu ne te sens plus la force de tenir une promesse imprudente !.... Viens, avoue tout à Daniel et bientôt la paix rentrera dans ton ame.

MISAEL.

Jamais !.. Je déteste mon serment, et je ne puis le rompre; je ne puis renoncer à Zéïla... Mon frère, laisse-moi m'éloigner ; laisse-moi fuir. La présence de Daniel me trouble, m'épouvante. Je ne me sens plus digne de soutenir ses regards. Azarias, c'en est fait; je ne te verrai plus, je te quitte : reçois les derniers adieux de ton malheureux frère.

Daniel, pendant cette scène, est resté au fond du théâtre, et a paru s'occuper des Israélites, quoique d'un œil attentif, il ait observé tous les mouvemens de Misaël. A l'instant où ce dernier tente d'échapper à son frère, il se place devant lui.

DANIEL.

Arrête.

AZARIAS.

O mon père ! il veut nous abandonner.

MISAEL, *accablé par la présence de Daniel.*

Grand dieu !

DANIEL.

Misaël, se peut-il que tu veuilles quitter ainsi tes amis, tes frères ? L'affection qu'ils t'ont toujours témoignée, l'amitié, dont je t'ai donné tant de preuves, les soins que j'ai pris de ton enfance, sont-ils déjà si loin de ta pensée ; n'ai-je donc plus aucun droit à ta confiance ?.. Tu pars, et tu me fais un secret des motifs de ta fuite ; tu t'éloignes de moi, et je n'ai pas reçu tes derniers adieux. Tu m'évites à l'instant de me quitter pour jamais !

MISAEL, *avec la plus grande agitation.*

Pour jamais !

DANIEL.

Quelle est donc cette funeste passion, qui s'est emparée de ton cœur ? quelle est donc cette beauté fatale, qui te force à rompre tous les liens qui t'attachaient à nous ? En ce moment, tu m'écoutes avec peine. Déjà tu voudrais être loin de ces lieux ; tu te peins déjà l'autel de l'hyménée prêt à recevoir tes sermens. Tu vois Zéïla gravir la montagne ; et par ses vœux et ses soupirs, hâter ton arrivée. Tu te représentes ces idoles auxquelles tu as promis de sacrifier ; tu songes à l'impatience du chef des mages, qui brûle de voir un Israélite, parjurer son serment et abandonner la religion de ses pères.

MISAEL, *à part.*

Je suis perdu ! il sait tout.

DANIEL.

Je conçois ta surprise ; mais apprends que tu n'as pu te cacher à mes yeux. L'Eternel m'a permis de lire au fond de ta pensée ; tes moindres actions, les plus secrets mouvemens de ton cœur me sont connus. J'ai vu ton incertitude, tes combats ; je ne te fais aucun reproche : l'amour qui t'égare, te rendrait sourd à mes conseils. Mais avant que, par des vœux sacrilèges, tu n'aies mis entre nous une barrière insurmontable ; avant que la malédiction divine ne pèse sur ta tête, j'ai voulu te voir ; j'ai voulu recevoir tes derniers adieux. Viens, toi, que j'avais tant de plaisir à nommer mon fils ; viens, je puis encore te presser sur mon cœur : tu n'es que malheureux... Ah ! puissé-je aux dépens même de ma vie, t'arrêter sur les bords de l'abîme où tu vas te précipiter.

MISAEL, *suffoqué par les sanglots, embrassant ses genoux.*

O mon père !

AZARIAS.

Misaël, mon frère, persisteras-tu dans ce cruel dessein ?

MISAEL.

Mon généreux protecteur, j'aurais eu la force peut-être de résister à vos reproches ; votre sévérité eut endurci mon cœur : votre indulgence m'accable et me déchire. Non, je ne suis point encore indigne de vous ; votre voix me rend à la raison. Mon bonheur est tout entier dans la possession de Zéila ; mais je saurai le sacrifier à mes devoirs.

AZARIAS.

Que dis-tu ?

DANIEL.

Serais-tu capable de cet effort magnanime ?

MISAEL.

Je ne vous le cache pas ; ce sacrifice est pénible, affreux !.. peut-être me coûtera-t-il la vie ; mais je n'hésite pas à le faire. Aujourd'hui, quand tout s'apprête pour mon hymen ; quand Zéila se félicite en voyant approcher l'instant, qui doit nous unir à jamais, j'aurai la force de détruire ses plus chères espérances ; j'aurai le courage de renoncer au bonheur.

DANIEL.

Tu t'abuses ; ce sacrifice est au-dessus de tes forces.

MISAEL.

Mon père, rien ne me coûtera pour conserver votre estime. Je pars.

AZARIA.

Permets du moins que je t'accompagne.

MISAEL.

Non, je veux remplir ce pénible devoir. Bénissez-moi, mon

Daniel.

B

père : je vous quitte ; mais bientôt vous me reverrez digne encore de toute votre tendresse.

DANIEL.

Dieu d'Israël, protège ses efforts et daigne le préserver des pièges de la séduction.

La trompette se fait entendre ; elle rappelle les israélites au travail ; tous se lèvent et se disposent à s'éloigner. Misaël s'agenouille devant Daniel, qui implore pour lui la bénédiction divine ; Ensuite, Daniel le presse dans ses bras, et Misaël s'éloigne avec précipitation.

SCENE VIII.

DANIEL , AZARIAS , Hébreux , ensuite ARIOC.

Tous les Hébreux paraissent affligés du départ de Misaël ; sur un signe du prophète , ils se disposent à retourner au travail.

Dans ce moment Arioc arrive suivi d'une troupe de soldats.

ARIOC.

Hébreux , suspendez vos travaux : le puissant Nabuchodonosor revient vinqueur des Mèdes et des Egyptiens ; demain il fera son entrée triomphale dans la superbe Babylone. Unissez-vous à ses sujets, et que tout soit promptement disposé pour cette auguste cérémonie. Sage Daniel, je vous charge de les surveiller ; comblé des bienfaits de notre souverain, vous vous empresserez sans doute de lui prouver votre reconnaissance.

DANIEL.

J'obéirai. La puissance suprême est le partage du roi de Babylonne ; la soumission est le devoir des Hébreux.

Il s'éloigne ; les Hébreux l'entourent et le suivent ; Arioc sort d'un côté opposé , les gardes l'accompagnent.

Le théâtre change et représente une campagne aux environs de Babylone. A gauche est l'entrée d'un temple ; près du temple est la statue de Bel, sculptée en marbre. Au fond, des ruines d'un palais au-delà desquelles on aperçoit une chaîne de rochers.

SCENE IX.

Une troupe de jeune garçons et de jeunes filles entrent en dansant; ils portent des guirlandes, dont ils ornent l'entrée du temple.

SCENE X.

Zéïla sort du temple. La gaité, le bonheur se peignent dans ses traits; on lui montre les apprêts dont elle paraît satisfaite. D'après son ordre, plusieurs jeunes gens entrent dans l'enceinte, et en ressortent apportant sur deux piques, ornées de guirlandes, deux médaillons entourés de fleurs. L'un d'eux porte cette inscription : *Zéïla* ; l'autre celle-ci : *Mizaël*. On les pose de chaque côté de l'idole. Zéïla exprime sa sasisfaction.

Bientôt cependant ses regards se tournent vers les montagnes, sa poitrine se gonfle, et ses soupirs décèlent l'impatience qu'elle éprouve de voir Misaël.

SCENE XI.

Oreb sort du temple; il sourit en voyant l'impatience de sa fille. Zéïla cherche à cacher son mécontentement, elle court, folâtre, cueille des fleurs, en forme un bouquet, et vient l'offrir à son père. Oreb l'embrasse avec la plus vive tendresse.

 OREB.

Ma chère Zéïla, calme ton impatience ; Misaël, j'en suis certain, ne desire pas moins que toi l'heureux instant qui doit vous unir. Quelle preuve plus forte peut-il te donner de son amour pour toi, il abandonne ses compatriotes, il embrasse notre religion? tant de sacrifices doivent au moins lui coûter quelques regrets; soyons indulgens : peut-il quitter sans peine ses amis, ses frères, et sur-tout ce Daniel qui éleva son enfance, et qui, par sa sainte sagesse, a su prendre tant d'empire sur son jeune cœur. Félicitons-nous plutôt de voir enfin un Israëlite abjurer les lois de Moïse pour sacrifier dans nos temples. Viens, ma fille, viens te préparer pour l'auguste cérémonie ; viens parer ton front de la couronne virginale. Vous, mes amis, hâtez-vous de tout préposer et de revenir en ces lieux. C'est ici que nous allons bientôt nous livrer au plaisir ; c'est ici que je vais assurer le bonheur de de ma chère Zéila.

Rassurée par les discours de son père, Zéila prend un air riant, et ses inquiétudes se dissipent, quoique à chaque instant encore les yeux se tournent vers sa montagne. Plusieurs jeunes filles l'entourent, et la prient d'entrer avec elles dans le temple. Zéila y consent, on l'entraîne ; les jeunes garçons s'éloignent par un côté opposé, et Oreb rentre avec Zéila dans l'enceinte sacrée, en exprimant la joie que lui causent son triomphe et bonheur de sa fille.

SCENE XII.

Misaël paraît, au fond, sur les montagnes ; le désespoir se peint dans tous ses traits, on voit qu'il redoute le moment qui doit l'offrir aux regards de Zéila. Arrivé sur le devant de la scène, il contemple avec effroi tous ces préparatifs ; il frémit en voyant son nom, près de l'idole, uni à celui de son amante. Saisi de douleur, accablé de regrets, il n'ose franchir le seuil du temple ; il craint de se présenter devant Oreb.

SCENE XIII.

Une troupe brillante de jeunes gens des deux sexes parés de fleurs, de guirlandes, arrive en bon ordre par le fond du théâtre. Au même instant, les mages, sortent du temple ; ils portent un autel, la coupe d'or, symbole de l'union des époux, et des cassolettes dans lesquelles brûlent des parfums ; après eux, viennent les sacrificateurs conduisant un agneau paré de festons, de guirlandes, et destiné au sacrifice ; tous se rangent près de l'idole. Misaël reste à l'écart, accablé sous le poids de sa douleur.

SCENE XIV.

Oreb sort du temple, conduisant par la main Zéila.

ouverte d'un voile et couronnée de fleurs. Le premier mouvement de Misaël est de tomber aux pieds de son amante, mais il songe à sa promesse, et se hâte de le reprimer. Zéïla considère avec inquiétude l'air triste et contraint de Misaël. Oreb, qui l'attribue à la peine qu'il éprouve d'abjurer sa religion, le reçoit affectueusement, et le presse dans ses bras. Le cœur du malheureux Misaël est déchiré. Sur un signe d'Oreb, les jeunes filles entourent Zéïla, et s'apprêtent à la conduire à l'autel. De même les jeunes garçons viennent se group-per autour de Misaël. Les mages sont rangés près de l'idole, la victime est prête, l'encens coule sur l'autel.

OREB.

Misaël, avant que je ne te nomme mon fils, avant que je ne te confie le bonheur de ma chère Zéïla, tombe aux pieds de nos autels, et adore avec nous les Dieux de Babylone.

MISAEL.

Non!... non, jamais !

Mouvement général de surprise et d'indignation.

OREB.

Qu'entends-je!

MISAEL.

Pardonne, Zéïla : renoncer à toi, c'est me vouer au malheur, c'est donner plus que ma vie ; mais la mort est préférable au parjure. Égaré par l'amour, j'aurais tout sacrifié pour obtenir le titre de ton époux ; le ciel n'a pas permis que je devinsse si coupable. Son prophète a desillé mes yeux ; j'ai vu toute l'horreur du crime que j'étais prêt à commettre, et le remords est entré dans mon cœur.

OREB.

Est-il possible qu'au mépris de ta promesse ?..

MISAEL.

Cette promesse était un crime ; je veux, je dois la rétracter.

OREB, avec colère.

Malheureux !

ZÉÏLA.

Misaël, se pourrait-il que tu voulusses m'abandonner ? pourrais-tu te résoudre à faire le malheur de celle qui n'existe que pour toi ? Vois ma douleur, entends mes prières ; et ne me condamne pas a des larmes éternelles.

MISAEL.

Zéïla, chère Zéïla, laisse-moi te fuir ; ta vue brise mon cœur... Songe que la vengeance céleste est suspendue sur ma tête, et qu'elle va m'anéantir, si je cède à tes vœux.

OREB.

Ainsi, les artifices, les menaces de Daniel, l'emportent sur l'amour que tu jurais à Zéïla. Tu frémis à la seule idée du parjure, et tu violes les sermens que tu m'as faits !.. Fuis, malheureux ; va vivre en esclave, parmi ces vils Israélites que tu nous préfères. Va, tu étais indigne de t'allier à ma famille... Zéïla, suis-moi ; je te l'ordonne.

ZÉÏLA.

O mon père !

Elle s'arrache des bras de son père qui cherche à l'entraîner, et va tomber aux pieds de Misaël. La situation de ce dernier est affreuse : les sentimens les plus opposés combattent dans son cœur ; un instant il s'attendrit et paraît prêt à céder aux prières de son amante ; l'honneur l'emporte, et il recouvre assez de force pour la repousser. Aussitôt il veut s'éloigner. Oreb, de son côté, veut entraîner sa fille dans le temple ; les Babyloniens indignés, sont prêts à fondre sur Misaël ; Zélia, au désespoir, parvient à se dégager une seconde fois des bras de son père.

ZÉÏLA.

Eh bien ! cruel, puisque rien ne peut toucher ton cœur ; puisque c'est ma mort que tu desires, sois satisfait, Zéïla ne survivra point à son malheur.

Elle s'échappe, gravit les rochers du fond et est prête à s'élancer dans les eaux du fleuve qui en baigne le pied ; tout le monde cherche à l'arrêter.

MISAEL, à genoux, et les bras étendus vers Zéïla.

Arrête, Zéïla !... Je t'obéirai, dût-il m'en coûter la vie.

Zéïla tombe à genoux. Les Babyloniens qui ont gravi le rocher, la prennent dans leurs bras et l'apportent en triomphe sur l'avant-scène où elle tombe dans les bras de Misaël.

Déjà Misaël se répend d'avoir cédé ; mais pouvait-il laisser périr celle qu'il adore ? Oreb sent bien qu'il ne faut pas lui laisser le tems de la réflexion : il donne l'ordre de commencer la cérémonie ; Misaël recule saisi de terreur ; il est arrêté par Zéïla qui le presse avec ardeur ; les jeunes filles l'entourent. Misaël égaré, l'œil fixe, les traits immobiles comme un homme dont le sens est altéré, se laisse conduire devant l'idole et s'agenouille devant l'autel. Mouvement de joie d'Ureb, de Zéila et de tous les Babyloniens.

Oreb prend alors la coupe sacrée et l'offre à Misaël ; il boit et la passe à Zéila qui la prend et la porte à ses lèvres avec l'expression de la joie la plus vive ; mais à l'instant où elle s'apprête à la vider, ses joues se décolorent, ses lèvres blanchissent, ses yeux se ferment, la coupe s'échappe de ses mains et elle tombe sans connaissance dans les bras de son amant.

Le tonnerre gronde, et la consternation est générale. On prodigue tous les secours à Zéila ; mais ils sont inutiles. Oreb paraît au désespoir, Misaël est en proie à des tourmens horribles.

Dans ce moment, les éclairs sillonnent la nue, la foudre gronde avec force, et Daniel paraît subitement au fond.

SCENE XV.

A la vue de Daniel, tout le monde reste immmobile ; Ureb est saisi de fureur ; Misaël, terrifié, cache sa figure dans ses mains, et tous les Babyloniens paraissent l'accuser des maux qui viennent de foudre sur eux.

Daniel descend en scène et promène ses regards sur tout ce qui l'entoure.

OREB.

Perfide, viens-tu jouir de ma douleur ?... viens-tu repaître tes yeux du spectacle déchirant d'un père pleurant sur le corps inanimé de sa fille chérie ? c'est toi qui attires sur nous tous les malheurs dont nous sommes accablés !.... c'est toi qui ne cesse d'implorer ton dieu, afin qu'il nous écrase du poids de sa colère.

DANIEL.

Chef des mages, la douleur t'égare. Si j'ai imploré l'éternel, c'était pour qu'il détournât de dessus vos têtes le châtiment que vous aviez mérité. Ah ! s'il eut exaucé mes prières, sa main toute puissante n'aurait point frappé l'innocente Zéila !... Misaël seul a causé tous vos maux ; déserteur de nos autels, rebelle aux lois du seigneur, la malédiction divine s'est appésantie sur lui. Que maintenant il adresse ses prières à ces dieux auxquels il a eu la faiblesse de sacrifier ; qu'il leur redemande son amante ; le dieu d'Israël s'est éloigné de lui.

MISAËL.

Oui, mon père ; ah ! permettez-moi de vous donner encore ce

titre!... oui, je suis le plus coupable des hommes; mon crime est affreux, et j'ai mérité toute la colère du seigneur; mais qu'a fait Zéila? a-t-elle partagé mes fautes?... doit-elle être victime de mes égaremens? ah! que la main du tout puissant me frappe et m'anéantisse!.... que je souffre à jamais les plus cruels tourmens, mais que l'innocente Zéila, soit rendue à l'amour de son père! sage prophète, implorez l'éternel, et obtenez de sa bonté le salut de Zéila.

OREB.

Non, je refuse ses secours; je n'attends rien d'un dieu que je ne connais pas; Babyloniens, c'est au pied de nos autels qu'il faut nous prosterner, c'est aux dieux immortels que nous devons offrir nos vœux et nos encens; eux seuls peuvent me rendre le bien que j'ai perdu.

DANIËL.

Seigneur, ne punis point leur audace sacrilège; fais éclater ta toute puissance aux yeux mêmes des impies, qui t'outragent et daigne entendre la voix de ton fidèle serviteur.

Oreb, les mages et les Babyloniens se prosternent devant la statue de BEL; Misaël à genoux près du banc sur lequel on a transporté Zéila, la contemple avec effroi et n'ose implorer le dieu qu'il a offensé; Daniel, à la gauche de la scène, c'est-à-dire, du côté opposé à l'idole, s'agenouille et élève ses mains au ciel. Le tonnerre gronde, la foudre éclate et réduit en poudre la statue du faux dieu. Oreb, les mages et les Babyloniens paraissent saisis de terreur. Dans le même moment, le temple ruiné qui est au fond du théâtre, s'abîme, et l'on voit en sa place un nuage épais.

Ce nuage roule lentement et avance jusque sur le bord du théâtre. A mesure qu'il approche il se divise; un rayon lumineux en sort et vient briller sur les traits de Zélia. Zélia revient lentement à la vie, elle se lève, apperçoit le nuage et va s'agenouiller auprès en s'écriant :

ZÉILA,

Béni soit le dieu d'Israël!

Surprise générale, fureur d'Oreb.

Le rayon devient plus vif, plus lumineux. Un nuage, dans lequel se trouvent plusieurs anges, enlève Daniel. La fureur d'Oreb et des mages s'accroit encore; Misaël reste prosterné; Zélia étend ses mains vers le prophète.

Une voix perce le nuage et fait entendre ces paroles.

L'éternel a exaucé les vœux de son prophète. Zéïla rendue à l'existence, ne doit plus sacrifier qu'au dieu d'Israël; sa main n'appartiendra jamais à l'impie, qui a pu abandonner sa religion.

MISAËL.

Je me meurs !

Il tombe sans connaissance sur le devant de la scène ; les Babyloniens effrayés s'inclinent.

TABLEAU GÉNÉRAL.

Fin du premier acte.

Daniel.

C

ACTE II.

*Le Théâtre représente une campagne aride. A droite,
un rocher duquel jaillit une source; près du rocher,
un arbre peu élevé et chargé de fruits ; à gauche ,
un banc de fleurs.*

Au lever du rideau on voit les derniers bataillons
de l'armée de Nabuchodonosor qui viennent de défiler
en ce lieu , se rendant à Babylone ; des Israëlites portant les bagages, les suivent. Tout disparaît.

SCENE PREMIERE.

A peine la scène est - elle vide , que l'on voit paraître Misaël ; le désespoir se peint dans ses traits ; il
est accablé de fatigue et marche difficilement; il s'ap-
puie contre un arbre et considère attentivement le lieu
où il se trouve.

Où suis-je? je ne sais où porter mes pas? vainement j'espère
échapper aux remords!... ils me poursuivent!... ils me déchirent!.. Fatal amour ! tu m'as rendu le plus coupable et le plus
malheureux des hommes!... J'ai trahi mon dieu, ma patrie pour
obtenir Zéïla, et Zéïla est à jamais perdue pour moi! Cédant à
la voix du ciel, elle s'est éloignée du temple des Idoles, elle s'est
arrachée des bras de son père; en ce moment elle est près de
Daniel, et Daniel m'a chassé de sa présence!... Oh ! que ma situation est affreuse!... J'ai fui cet Oreb qui m'a entraîné dans l'a-
bîme!... je voulais cacher ma honte au fond des deserts!... mais
je ne puis m'éloigner, la fatigue m'accable !... mes forces m'aban-
donnent!... et personne qui puisse me secourir!...

Il veut faire quelques pas , et tombe un genou en
terre près de l'arbre sur lequel il est toujours appuyé.

SCENE II.

Quelques soldats de la suite de l'armée traversent le
fond du théâtre ; ils passent sans voir Misaël ; après

enx vient une troupe d'Israélites chargés de fardeaux.
Misaël trouve assez de force pour avancer un pas.

MISAEL.

Qui que vous soyez, venez à mon secours.

Les Hébreux s'arrêtent, Misaël, toujours à genoux,
les conjure de le secourir; les juifs s'approchent; Misaël
exprime qu'il est dévoré par la soif; aussitôt les juifs
déposent leurs fardeaux et s'avancent en lui présentant
leurs gourdes. Dans ce moment, l'un d'eux jette un
regard sur Misaël, reconnaît ses traits et recule saisi
d'horreur; il arrête ses compagnons prêts à lui pro-
diguer leurs soins. Cet homme est maudit; il a trahi
le dieu d'Israël; les souffrances qu'il éprouve en ce
moment sont une juste punition de son crime; fuyons!...
Tous expriment leur indignation; envain Misaël tente
de les toucher, ils s'éloignent avec horreur, reprennent
leurs fardeaux et disparaissent.

Un enfant, cependant, attendri par ses larmes, veut
s'approcher de lui et lui donner quelques secours, les
Israélites l'arrêtent, se hatent de l'arracher de ces
lieux.

Misaël s'abandonne au désespoir; cependant un
léger bruit frappe son oreille; il écoute : c'est le murmure d'une eau jaillissante ; ses regards avides cherchent partout, et enfin il découvre un petit rocher du
sein duquel découle une source limpide. Près du rocher est un arbre peu élevé et chargé de fruits. La joie
se peint dans les traits de Misaël ; l'espoir rentre dans
son cœur et ranime ses forces; il se traîne jusqu'à cette
source bienfaisante, approche ses lèvres et se dispose
à étancher sa soif; soudain la fontaine se tarit; accablé par ce nouveau malheur, ses regards se portent
sur l'arbre; il vient d'être frappé par la main de Dieu :
ses feuilles, ses fruits ont disparu, ce n'est plus qu'une
souche stérile ; saisi de terreur, Misaël s'approche
d'un banc de verdure émaillé de mille fleurs ; les fleurs
se dessèchent, l'herbe se flétrit; Misaël sent trop qu'il
est atteint par la vengeance divine, sa tête se trouble,
et il tombe sans connaissance sur la terre.

SCENE IV.

Le jeune enfant qui, dans la scène précédente, avait semblé s'intéresser au sort de Misaël, reparaît amenant Azarias, Zéïla et quelques Israélites qui sont à la recherche de ce malheureux jeune homme. Ils sont saisis d'effroi en l'appercevant sur la terre ; ils avencent précipitamment, et lui prodiguent leurs secours. Bientôt Misaël est rendu à la vie, la surprise est extrême en voyant son frère et Zéïla ; on l'aide à se lever, et on le place sur le banc du rocher.

MISAEL.

Est-ce une illusion?... Zéïa, tu ne m'as pas abandonné?...

ZÉILA.

Cher Misaël, pouvais-tu me croire capable d'une si noire ingratitude ?.... N'est-ce pas ton amour pour moi qui t'a rendu si malheureux ?...

MISAEL.

Zéïla !... Azarias !... Ah ! que cette marque de votre tendresse est douce pour mon cœur ! hélas ! je me croyais abandonné de tout le monde ; je pensais que mon crime devait me rendre un objet d'horreur pour tous les hommes.

ZÉILA.

Détrompe-toi, Misaël ; il n'est point de faute qu'un repentir sincère ne puisse réparer !... mon sort est affreux, sans doute ; mais pour adoucir tes souffrances, apprends que tous tes frères plaignent ta destinée, qu'ils demandent au ciel la fin de tes malheurs, et que c'est Daniel lui-même qui nous a commandé de nous rendre près de toi.

MISAEL.

Daniel !... Il serait possible ?....

AZARIAS.

Oui, mon frère. Allez, nous a-t-il dit, portez quelques consolations à cet infortuné, et sauvez-le de l'excès de son désespoir. Pleins de joie, nous avons quitté Babylone, nous errions dans les campagnes, quand cet enfant nous a vu, il a offert de guider nos pas, nous avons accepté ses services et nous avons eu le bonheur d'arriver assez tôt pour conserver tes jours.

MISAEL.

O mon dieu ! mes remords ont-ils fléchi ta colère ! Daniel ne ne me hait point, j'ai conservé la tendresse de Zéïla, l'amitié de mon frère !... C'est plus de bonheur que je n'osais en espérer encore.

ZÉILA.

Viens, Misaël, viens avec nous en Babylone, nous joindrons
nos prières aux tiennes, et peut-être obtiendrons-nous du ciel le
pardon de ta faute.

MISAEL.

Moi, reparaître devant les Hébreux !

AZARIAS.

Il le faut ; ton frère, ton amante t'en prient, et Daniel te
l'ordonne.

MISAEL.

Daniël !.... J'obéis.

Sur l'ordre d'Azarias, les Israélites bâtissent à la
hâte un brancard en feuillage ; Misaël s'y place, quatre
Hébreux le portent, Azarias et Zéila le suivent et tous
s'éloignent lentement.

*Le théâtre change et représente les jardins de Na-
buchodonosor. Au fond, une riche galerie à jour,
qui traverse tout le théâtre ; le dessus de cette
galerie forme une terrasse, sur laquelle on voit
la statue de Nabuchodonosor en or, et parée de
tous les attributs de la divinité ; des faisçaux,
des trophées, et des piliers garnis de fleurs, sont
placés sur la terrasse.*

SCENE V.

OREB, ARIOC.

Ils entrent en parlant.

OREB.

Est-il bien vrai que le roi se décide à retirer sa protection aux
Hébreux ?

ARIOC.

Rien n'est plus certain. Enorgueilli des succès qu'il obtient de
toutes parts, fier de se voir enfin le maître de l'Asie, Nabuchodonosor ne connaît plus rien d'impossible à son ambition. Placé
au faîte des grandeurs, l'étendue de sa puissance, l'éclat qui brille
autour de son trône, ne peuvent plus satisfaire son ame ; il pré-
tend s'égaler aux immortels et a résolu d'obliger ses sujets à lui
rendre les honneurs divins.

OREB.

Quel orgueil !

ARIOC.

Aujourd'hui même, il doit s'offrir à nos yeux au milieu de tout l'éclat de la majorité divine : l'encens va brûler aux pieds de cette statue, et de nombreux sacrifices vont être offerts au nouveau dieu de Babylone. Quelqu'étrange que put me paraître une telle résolution, je me gardai bien de la combattre : c'eût été compromettre imprudemment ma fortune, et peut-être ma vie ; mais je conçus l'idée de la faire servir à nos desseins.

 OREB.

Comment ?

ARIOC.

Je lui ai fait craindres que ses sujets, excités par l'exemple des Hébreux, ne lui refusent leurs hommages ; je lui ai représenté ce peuple inflexible, bravant sa puissance et, devant tous les Babyloniens, vouant au mépris le culte qu'il veut établir. Mes raisons l'ont frappé ; cependant, il n'a pris encore aucun parti ; le respect qu'il porte à Daniel, balance dans son cœur, les craintes que j'ai su lui inspirer. Il faut, seigneur, vous offrir à ses regards, accuser hautement Daniel de vous avoir ravi votre fille, et je ne doute pas que bientôt les Hébreux et leur chef ne tombent sous nos coups.

OREB.

Oui, je joindrai mes efforts aux tiens, pour assurer leur perte ; le premier outrage qua j'ai reçu de Daniel n'a fait qu'accroître la haine que je lui portais ; cette haine qui me dévore depuis le jour où cet orgueilleux Israélite obtint la faveur du souverain en expliquant les songes dont je n'avais pu connaître le sens. Que ma vengeance soit enfin satisfaite et que ce peuple odieux cesse de nous braver.

(Fanfar.)

ARIOC.

Le roi paraît ; voilà l'instant d'agir.

Tous deux, en se prenant la main, jurent de tout entreprendre pour perdre les Israélites ; ils se séparent ensuite et sortent par deux côtés opposés.

SCENE VI.

De jeunes enfans sortent du palais, et traversent la galerie en dansant et jouant de divers instrumens ; après eux, viennent des jeunes filles richement vêtues, et portant des corbeilles de fleurs. Tous descendent en scène ; au même instant, arrivent par le bas de la galerie, les gardes de Nabuchodonosor ; les jeunes filles et les enfans, exécutent diverses danses pendant que le cortège défile. Après les gardes, paraissent de jeunes guerriers, armés de javelots; ils précèdent le roi, porté sur un riche pavois, entouré de trophées d'armes; des eunuques portent des trépieds et cassolettes en or, dans lesquels de petits esclaves noirs viennent en dansant jeter des parfums; la marche est fermée par des gardes. Au moment où le pavois paraît, les jeunes filles remontent la scène et sèment de fleurs le chemin qu'il doit parcourir; les mages arrivent sur la terrasse, s'y placent en ligne, et placent un autel sur lequel brûlent des parfums, au pied de la statue.

Quand tout le cortège a défilé en bon ordre, il se range des deux côtés de la scène, le Roi descend du pavois. Aussitôt un trône élevé et richement décoré, s'avance par la première coulssie; à gauche, sur chaque marche qui conduit au siége préparé pour le roi, sont des candalabres dans lesquels brûlent des bois précieux; Nabuchodonosor y monte.

On exécute un fète brillante.

SCENE VII.

Après la fète, on vient se prosterner au pied du trône.

OREB.

Souverain du monde, j'implore votre justice.

NABUCHODONOZOR.

Que me demandes-tu?

OREB.

Vengeance!

NABUCHODONOZOR.

Quel en est là motif?

OREB.

On m'a fait le plus sanglant outrage!

NABUCHODONOSOR.

Qui?

OREB.

Daniel.

NABUCHODONOSOR.

Daniel!... explique-toi.

OREB.

Chaque jour, ce vil israëlite appele sur votre peuple, et sur votre personne sacrée, toute la colère de son dieu.

NABUCHODONOSOR.

Ses efforts sont inutiles, ma puissance est au-dessus de la sienne.

OREB.

Chaque jour il emploie les plus coupables artifices pour éloi-
guer de vos temples, les jeunes babyloniens.

NABUCHODONOSOR.

Je saurai l'en empêcher.

OREB.

La haine qu'il nous porte s'accroit à chaque instant. Misaël, ce
jeune israélite, que vous avez distingué de ses compatriotes, a
conçu pour ma fille la plus violente passion!... afin de la mériter,
il a renoncé au Dieu d'Israël, il est venu se mêler à nos sacrifices,
je lui ai donné la main de Zéïla. Daniel, irrité contre moi, a résolu
de s'en venger. Par la plus noire perfidie, il a séduit le cœur de
ma fille, Zéïla, entraînée par ses conseils, vient d'abandonner son
père, et de se vouer au dieu des israélites.

NABUCHODONOSOR.

Est-il possible ?

OREB.

Vengez-moi, Seigneur, punissez un traître qui outrage à la fois
et le trône et l'autel. Nos dieux demandent sa mort et menacent
ce pays des plus affreuses calamités, si les hébreux ne reçoivent
le prix de leurs forfaits. Ne rejettez pas ma prière; c'est un père
malheureux qui tombe à vos genoux et qui vous conjure de lui
rendre sa fille.

NABUCHODONOSOR.

Oreb, vous pouvez tout attendre de ma justice. Que Daniel soit
amené au pied de mon trône.

ARIOC.

Seigneur, lui-même s'approche.

SCENE VIII.

Daniel, tenant par la main Zéïla, arrive à la tête
des Hébreux. Tous se rangent en face du trône, et
s'inclinent respectueusement devant le roi.

NABUCHODONOSOR.

Approchez, Daniel, et justifiez-vous, si vous le pouvez, du
crime dont Oreb vous accuse.

DANIEL.

Un crime ! moi !

OREB.

Oui, perfide, n'es-tu pas venu troubler la sainteté de nos sacrifices ?

DANIEL.

J'ai tenté de sauver un infortuné que tu entraînais vers sa perte.

OREB.

Ne m'as-tu pas ravi ma fille ?

DANIEL.

La vengeance divine avait frappé Zéïla, ta fille était perdu pour toi. Touché de ma prière, le Seigneur lui a rendu la vie ; il a éclairé son âme, et Zéïla, reconnaissante, a juré de n'adorer, de ne servir que lui.

OREB.

Zéïla n'a pu proférer un tel serment !

ZÉÏLA.

Je le renouvelle devant vous Oui, je ne vivrai désormais que pour le dieu qui m'a rendue à l'existence.

OREB.

Fille ingratte !...

ZÉÏLA.

Pardonnez, mon père ; un pouvoir surnaturel agit sur moi, je ne puis lui résister. Je vous respecte, je vous chérirai jusqu'à mon dernier soupir ; mais le ciel commande et je dois obéir à ses ordres.

OREB, *au roi.*

Ah ! Seigneur, souffrirez-vous ?...

DANIEL.

Grand roi, les ennemis des hébreux entourent votre trône. Je sais qu'ils ont juré notre perte ; mais quelque soit votre résolution, je n'oublie pas que je dois tout à vos bienfaits et je viens acquitter la dette de la reconnaissance. L'orgueil s'est emparé de votre âme ; il vous a inspiré un dessein sacrilège qui doit attirer sur vous, sur votre peuple, les maux les plus affreux. Il est temps encore d'échapper au malheur qui vous menace ; cessez d'accorder votre confiance à de vils flatteurs qui creusent un abyme sous vos pas ; qu'un désir coupable ne ternisse point l'éclat de votre vie ; prosternez-vous, et par vos prières, désarmez l'Eternel dont la foudre vengeresse s'apprête à vous aneantir.

(*Mouvement de surprise, et d'indignation de tous les Babyloniens.*)

NABUCHODONOSOR.

Téméraire !... c'est à moi que tu oses tenir un pareil langage. As-tu donc le pouvoir de changer mes desseins ?... Quel est ce dieu dont tu veux que je redoute la colère ?... S'il commande à l'univers, s'il protège les Israélites, comment a-t-il souffert que j'asservisse votre patrie ? que je détruise Jérusalem ? que je renverse son temple ? comment a-t-il permis que vous deveniez mes esclaves ? pourquoi dans ce moment encore, ne brise-t-il pas vos fers ? va, tes menaces sont impuissantes, et je brave les malheurs que tu viens de m'annoncer. Vous allez tous connaître mes volontés, soumetrez vous sans murmure. Hébreux, vous savez ce que valent mes bienfaits, craignez d'apprendre jusqu'où peut aller ma vengeance.   (*Consternation genérale.*)

Daniel.   D

SCENE IX.

Sur l'ordre du Roi, Arioc fait apporter un étendard portant cette inscription :

NABUCHODONOSOR EST LE DIEU DE LA TERRE.

Au même instant, un enfant, vêtu en génie, paraît derrière le trône, et pose une couronne d'étoiles brillantes sur la tête du roi. Tout le peuple se prosterne, les mages s'agenouillent, et la fumée de l'encens monte jusqu'aux cieux. Daniel, effrayé de ce sacrilège, cache sa figure dans ses mains, et paraît accablé de douleur. Les Israélites semblent affligés, mais pas un ne rend le plus léger hommage à la nouvelle idole.

L'indignation se peint dans les traits du roi. Arioc commande aux Hébreux de se prosterner devant la statue; tous refusent. Ce refus allume la colère de Nabuchodonosor, il fait un geste menaçant. Oreb et Arioc excitent la fureur du peuple contre les Israélites. Les Babyloniens lèvent leurs armes et veulent les frapper. Nabuchodonosor se lève, les arrête d'un geste, promène ses regards sur tout ce qui l'entour, et descend du trône en paraissant méditer un dessein sinistre.

NABUCHODONOSOR.

Hébreux, réunissez vous dons le temple que vous accorda mon indulgence; bientôt vous connaîtrez mes volontés suprêmes.

OREB, bas à Arioc.

Ils sont perdus!

NABUCHODONOSOR.

Qu'on cherche Misaël, et qu'il soit conduit en ma présence. Arioc, Oreb, suivez moi.   (Sortie générale.)

Nabuchodonosor s'éloigne en lençant sur Daniel et sur les Israélites un regard courroucé. Une joie féroce se peint dans les yeux d'Oreb et d'Arioc. Tout le monde traverse la terrasse et rentre au palais.

SCÈNE X.

Les Hébreux restent consternés. La plus vive affliction est empreinte dans les traits du prophète; il exprime qu'il faut obéir au roi, et se dispose à s'éloigner. Azarias et Zéïla sont toujours près de lui.

SCENE XI.

Misaël entre suivi d'un officier du Roi. A la vue de Daniel, il paraît saisi de honte et de crainte. Le prophète jette sur lui un regard attendri; encouragé par cette marque de bienveillance, Misaël va tomber à ses pieds. Daniel le relève avec bonté, et lui montrant le palais de Nabuchodonosor, l'engage à se rendre aux ordres du Roi. Misaël paraît inquiet en voyant la tristesse des Hébreux, il voudrait en connaître la cause, mais Daniel lui répète l'ordre de les quitter, il obéit en tremblant, traverse la terrasse en ne cessant de regarder les Israélites; Daniel prend Zéïla et Azarias par la main, et s'éloigne par le bas de la scène, suivi de tous les Juifs.

Le théâtre change et représente l'intérieur d'un temple, dont le fond est fermé par des draperies.

SCENE XII.

Les Israélites entrent et garnissent le côté gauche de la scène; la musique peint la profonde tristesse dans laquelle ils sont plongés; Daniel paraît ensuite, toujours accompagné d'Azarias et de Zéïla. Il se laisse tomber sur un siége à gauche, et reste un instant absorbé par ses réflexions; les Hébreux cherchent à lire dans ses regards et à deviner le sort qui les attend. Daniel se lèvent vivement comme un homme qui conçoit une idée; il ordonne aux Hébreux de se retirer un instant dans les galeries latérales, et de le laisser seul. Ils obéissent à regret, Azarias et Zéïla sortent avec eux.

SCENE XIII.

DANIEL, *seul.*

Peuple malheureux, le ciel irrité par tes fautes a-t-il donc juré ta perte? hélas! je n'ai que trop de motifs de le craindre !... la fureur brillait dans les yeux du Roi de Babylone. Il s'est fait accompagner par le chef des mages, et par cet Arioc dont je connais la haine !... sans doute, ils méditent en ce moment la perte des Hébreux !... O mon dieu !... fais-moi connaître les dangers qui menacent ton peuple, et daigne m'inspirer les moyens de le sauver.

Une musique douce et harmonieuse se fait entendre, un esprit céleste perce la voûte du temple et descend porté par un nuage. Daniel s'agenouille.

L'ANGE.

Le seigneur doit donner en ce jour un grand exemple au monde; rien ne peut interrompre le cours des événemens que sa sagesse a préparés. Daniel, tes vœux sont exaucés, tu vas connaître les dangers d'Israël; espère en dieu, lui seul peut sauver les Hébreux.

Daniel s'incline profondément en signe de reconnaissance.

SCENE XIV.

La draperie du fond se lève; on apperçoit au travers d'une gaze le cabinet de Nabuchodonosor. Ce prince, mollement couché sur un sopha, paraît plongé dans ses réflexions. Oreb est près de lui. Arioc introduit Misaël; le Roi s'emble l'accueillir avec bonté, et le féliciter sur son abjuration. Misaël est confus, embarrassé, puis ranimant son courage, il exprime que jamais la religion d'Oreb ne sera la sienne; il indique le ciel comme la demeure du seul Dieu qu'il puisse adorer. Le Roi paraît mécontent, Arioc déroule une inscription conçu en ces termes :

    » *Arrêt de mort*
    » *des Hébreux.* »

Misaël frémit et se précipite aux genoux du Roi pour obtenir la grace des Israélites, mais Nabuchodonosor, excité par Arioc et Oreb, reste inflexible. Il commande à Arioc de faire exécuter ses volontés; Arioc tire son épée et sort en jurant d'exterminer tous les Hébreux, Oreb le suit; le Roi veut s'éloigner, Misaël, au désespoir, se traîne à ses genoux. Tout disparaît; l'esprit céleste se perd dans les airs.

SCENE XV.

Daniel, épouvanté de l'horrible tableau qui vient de s'offrir à ses regards, se livre au désespoir et va tomber accablé sur son siége.

SCENE XIV.

Zéïla, Azarias et les Israélites arrivent précipitamment et l'entourent. Ils le questionnent, cherchent à connaître la cause de son affliction; Daniel n'a pas la force de la leur révéler. Dans ce moment, un bruit éloigné se fait entendre; tous écoutent avec effroi; le bruit redouble.

SCENE XVII.

Misaël arrive, pâle, égaré, les vêtemens en désordre; sa vue augmente l'effroi des Hébreux.

DANIEL.

Malheureux! qui t'a donné la hardiesse de reparaître dans cette enceinte sacrée?

MISAËL.

Mon crime m'en avait banni, vos dangers m'y rappèlent.

AZARIAS et ZÉÏLA.

Nos dangers!

MISAËL.

Dans ce moment, ma place est près de vous. Le chef des mages a juré votre perte; le Roi vient de signer votre arrêt. Le glaive des bourreaux est suspendu sur vos têtes; je ne puis vous sauver je viens mourir avec vous.

DANIEL.

Les Hébreux, fidèles à leur religion, sont seuls menacés par les Babyloniens; tu n'as rien à craindre de ces idolâtres. Laissez-nous périr victimes de leur cruauté; fuis, ta faute au moins peut conserver ta vie.

MISAËL.

Conserver ma vie!... quand c'est moi qui vous expose à de si grands périls!... n'en doutez pas; mon crime a révolté le ciel, et c'est pour l'effacer qu'il vous livre en ce moment à la fureur de vos ennemis!.., et je voudrais me soustraire à des dangers que j'ai seuls attirés sur vous!... non, je ne quitte point ces lieux; que les

bourreaux approchent !... mon sang est le premier qu'ils auront
à répandre..

DANIEL.

Ta générosité me touche, mais je ne puis accepter un si grand
sacrifice ; laisse-nous.

MISAEL.

Jamais, jamais !... trop heureux de pouvoir par une mort glo-
aieuse effacer les fautes de ma vie.

DANIEL.

Cher Misaël ! (*Il le presse dans ses bras.*)

MISAËL.

Ah ! la mort, maintenant, n'a plus rien qui m'épouvante.

Il l'embrasse avec la plus vive tendresse ; on entend
dans l'éloignement la marche des soldats.

DANIEL.

On vient !..... Hébreux, la résistance serait inutile ; livrons
nous sans balancer aux coups de nos bourreaux.

Le même bruit recommence, tous remontent la
scène et écoutent un instant ; certains que ce sont bien
les soldats de Nabuchodonosor qui approchent, Daniel
revient sur le devant du théâtre, les Israélites le suivent, et tous s'agenouillent pour offrir à Dieu leur
dernière prière.

SENE XVIII.

Arioc arrive suivi de quelques soldats. A la vue des
Hébreux priant et attendant la mort avec tranquillité,
les Babyloniens s'arrêtent et paraissent saisis de respect ; Arioc, cependant, ranime leur courage, et
avance fièrement au milieu du théâtre. Daniel et les
Hébreux se relèvent.

ARIOC.

Hébreux, le roi de Babylone vous demande de remettre Daniel
en mon pouvoir.

DANIEL.

Je suis prêt à vous suivre.

Un cri d'effroi échappe à tous les Hébreux ; ils
viennent se placer devant Daniel et lui font un rem-
part de leurs corps.

ARIOC.

Obéissez à votre maître.

AZARIAS.

Abandonner Daniel !

MISAËL.

Plutôt mourir !

ARIOC.

Vous osez résister !... A moi, gardes.

Oreb paraît suivi d'une foule de soldats ; ils tentent de se saisir du prophête ; mais les Hébreux l'entourent, ils l'entraînent ; bientôt ils sont enveloppés par les Babyloniens, alors tous se jettent à genoux et présentent leurs poitrines, trop heureux de sauver le prophète aux dépens de leur vie.

Les soldats se saisissent des Hébreux, les éloignent de Daniel et les immolent à leur rage saguinaire ; Daniel n'est plus entouré que de Misaël, Azarias et Zélia, il va tomber au pouvoir d'une soldatesque impie, dont Oreb, lui-même, exite la fureur. Zélia se dévoue, et se précipite au devant des coups qu'on porte de toutes parts à Misaël et à son frère. A la vue de sa fille, Oreb recule épouventé et arrète les soldats.

Zéïla est alors saisie et entraînée par quelques gardes, Azarias et Misaël sont contenus par d'autres guerriers ; le fond du théâtre ne présente qu'une scène de carnage ; les Hébreux, les femmes, les enfans tombent sous les coups des Babyloniens. Les soldats s'avancent avec rage vers Daniel ; le prophète ouvre sa robe et leur présente sa poitrine, les glaives sont levés ; dans ce moment, une couronne royonnante descend et se place au-dessus de sa tête ; les meurtriers, saisis de respect, tombent à ses genoux.

Fin du second Acte.

ACTE III.

Le Théâtre représente un salon du palais de Na-buchsdonosor ; à droite, un grand trépied sur son piédestal, dans lequel brûle des parfuns ; à gauche, un sopha.

SCÈNE PREMIÈRE.

Au lever du rideau, le Roi est assis devant une table magnifiquement servie ; l'or, les cristaux précieux y brillent de toutes parts. Derrière lui sont les favoris, les grands officiers, les mages ; plusieurs jeunes filles, vêtues avec élégance, dansent pour charmer l'ennui du monarque. Le Roi, cependant, paraît triste et rêveur. Les danses cessent.

SCENE II.

Arioc et Oreb paraissent ; à leur vue, le Roi éprouve un secret mouvement de terreur qu'il se hâte de réprimer.

ARIOC.

Seigneur, vos ordres sont remplis ; et vos ennemis ont cessé d'exister.

NABUCHODONOSOR.

Avez-vous éprouvé quelque résistance ?

ARIOC.

Tous se sont efforcés de sauver leur prophête ; mais tous sont tombés, sans se défendre, sous le glaive de vos soldats.

NABUCHODONOSOR, *avec agitation.*

C'en est donc fait !.. ce peuple rebelle ne bravera plus ma puissance... Ma fureur est satisfaite ; mon cœur maintenant devrait être tranquille... et cependant une secrète terreur... Du moins, a-t-on épargné Daniel ?

ARIOC.

Oui, seigneur ; selon vos ordres, le prophête, Zéïla, Misaël et son frère, ont été respectés par nos soldats, ils sont dans ce palais, et, si vous le desirez, ils vont être amenés devant vous.

NABUCHODONOSOR.

Non; je ne veux pas les voir... qu'ils s'éloignent. Que Daniel surtout ne paraisse point à mes regards; je n'aurais pas la force...
(*Il cache sa figure dans ses mains, et reste accablé.*)

OREB.

Permettez, seigneur, que nous déposions à vos pieds, ces vases d'or, qui faisaient l'ornement du trône de Jérusalem; et dont votre générosité avait laissé l'usage aux Hébreux.

Nabuchodonosor fait signe qu'il y consent. Des soldats, des esclaves entrent chargés de plusieurs vases d'or, destinés aux cérémonies religieuses des Hébreux; ils s'agenouillent et présentent ces vases au Roi, qui demeure plongé dans une profonde rêverie. Enfin il parvient à étouffer ses remords, lève vers le ciel un front audacieux et s'écrie :

NABUCHODONOSOR.

Chassons de mon esprit ces pensées qui le troublent Un souverain est-il donc si coupable, quand il punit des rebelles ? N'ont-ils pas été comblés de mes bienfaits; n'avais-je pas consenti à leur laisser la vie?.. Eux-mêmes m'ont obligé de les sacrifier!.. Eloignons donc ces remords qui me tourmentent... Mages, guerriers, ces vases précieux étaient consacrés au Dieu des Israélites; qu'ils le soient maintenant au Dieu de Babylone. Que chacun de vous prenne une de ces coupes, et qu'il suive l'exemple de son maître.

On obéis; Oreb, Arioc et les principaux officiers se saisissent d'une coupe d'or que des esclaves remplissent aussitôt. Le Roi élève la sienne, tout le monde s'incline, mais au moment où il la porte à ses lèvres, la foudre gronde: les Babyloniens s'arrêtent et paraissent saisis de terreur. On voit paraître, en caractère de feu, ces trois mots sur le trépied :

MANE, THECET, PHARÈS.

La crainte et l'effroi se peignent sur toutes les figures. Nabuchodonosor surtout, paraît accablé. Cependant il s'efforce de ranimer son courage. Il prend son poignard avec fureur et tenter d'effacer ces paroles mystérieuses qui lui causent tant d'épouvante; il réussit, les mots s'effacent sous la pointe de son poignard, mais sa joie et de courte durée, car à peine

Daniel.   E s'éloigne-t-il qu'ils reparaissent et semblent briller d'un nouvel éclat.

Arrive l'impie Arioc, qui s'avance l'épée à la main, mais à peine a-t il touché le trépied, que son arme se brise dans ses mains, il recule, et la crainte entre enfin dans son âme.

Le roi, au désespoir, veut connaître le sens de ces paroles. Il interroge les mages, il les presse de lui répondre; les mages sont obligés de confesser leur ignorance et d'avouer qu'ils ne peuvent les comprendre. Le roi furieux veut les faire punir, ils se jettent à ses pieds et implorent sa clémence; le roi leur pardonne, mais il les chasse de sa présence. Les mages sortent.

SCENE III.

NABUCHODONOSOR.

Qu'on amène Daniel; lui seul pourra, sans doute, jeter quelque clarté sur le mystère effrayant qui m'environne.

Plusieurs officiers s'éloignent. Le roi paraît être dans un état affreux.

SCENE IV.

Une musique, noble et religieuse, annonce l'approche de Daniel ; le roi cherche à lui cacher le trouble de son âme. Le prophète arrive précédé par quelques officiers; son air est modeste, sa contenance est calme, mais la tristesse est peinte dans ses traits.

Nabuchodonosor lui montre le trépied; Daniel s'en approchs, aperçoit les caractères et recule en donnant toutes les marques du plus grand effroi. La terreur du roi s'accroît encore; cependant, il presse Daniel de lui donner l'explication qu'il désire; le prophète jette sur lui un regard de pitié et semble le prier de ne point le forcer de parler. Le roi l'exige. Daniel alors le conjure de faire éloigner tout le monde, Nabuchodonosor en donne l'ordre; on obéit.

SCENE V.

NABUCHODONOSOR , DANIEL.

NABUCHODONOSOR.

Nous sommes seuls ; vous pouvez parler , Daniel. Ne craignez de ma part aucune faiblesse : quelque malheur que vous m'annonciez , je saurai le supporter avec courage. Ces mots mystérieux , tracés en ma présence par un pouvoir surnaturel , sont sans doute le présage d'un grand événement. Je veux le connaître ; satisfaites mon desir, je vous l'ordonne.

DANIEL.

Roi de Babylone, vous avez méprisé l'avis que je vous ai donné. Il vous était possible encore de détourner les malheurs qui vous menacent ; maintenant, vous ne le pouvez plus. Le sang des Israélites , massacrés par vos ordres , s'est élevé contre vous : la vengeance céleste va vous atteindre ; et Dieu n'a voulu que je survive à mes malheureux compatriotes, que pour être témoin de votre châtiment.

NABUCHODONOSOR.

Que dites-vous !.. ces caractères !..

DANIEL.

Vous n'avez pas craint de vous égaler à Dieu , vous vous êtes baigné dans le sang de ses serviteurs ; dans votre audace sacrilège , vous avez profané les vases consacrés à son honneur. L'Eternel n'a fait briller à vos yeux ces caractères sacrés , que pour vous apprendre qu'elle serait la fin de votre vie. Ils vous annoncent que le tems de votre puissance est passé, que votre couronne va vous être ravie ; et que, privé de l'usage de votre raison , vous languirez dans l'état le plus abjet, tant que, par votre repentir, vous n'aurez pas fléchi la colère de Dieu.

NABUCHODONOSOR.

Il se pourrait !.. Non, je ne puis y croire... Qui oserait tenter de m'enlever la couronne : ne suis-je pas le plus puissant de tous les rois de la terre ?

DANIEL.

Aujourd'hui même cette puissance va s'anéantir.

NABUCHODONOZOR.

Voilà donc la cause de ces terreurs continuelles, de ces sinistres pressentimens qui me poursuivaient sans cesse ! Malheureux ! qu'ai-je fait ? long-tems j'ai résisté à ces hommes sanguinaires qui me demandaient la perte des Hébreux ; faut-il que j'aie cédé à leurs conseils perfides ? Daniel, jai mérité mon sort ; je n'ai point su pardonner, je ne dois espérer aucune pitié..... je ne fatiguerai point le ciel de plaintes inutiles ; mais tandis que je suis maître encore dans ces lieux, Daniel, hâtez-vous de les quitter ; dérobez-vous, par une prompte fuite , à la rage de ces barbares, et que du moins dans mon malheur j'aie la consolation d'avoir sauvé vos jours.

DANIEL.

Je ne le puis, seigneur ; le dieu d'Israël ma commandé de rester en ces lieux, je dois lui obéir.

NABUCHODONOSOR.

Mais vous courez ici les plus grands dangers !... Les mages veulent votre trépas ! Bientôt, peut-être, je ne pourrai l'empêcher, et la mort la plus affreuse....

DANIEL.

Je ne la crains point. Plein de confiance en mon Dieu, je m'abandonne à sa sagesse.

Nabuchodonosor veut en vain le forcer à fuir, ses instances sont inutiles ; il quitte l'appartement en jettant sur ce prince des regards où se peignent les regrets et la pitié.

SCÈNE VI.

Nabuchodonosor reste en proie au plus sombre désespoir, l'air morne, l'œil fixe, et paraît enseveli dans les plus sombres pensées. Ses regards se portent vers l'inscription ; il recule saisi de terreur, et vient tomber sur le sopha qui lui a servi au commencement de l'acte ; ses yeux se ferment.

SCENE VII.

Le tonnerre gronde avec fracas ; plusieurs esprits infernaux se répandent sur la scène ; ils forment divers groupes, semblent désigner Nabuchodonosor comme une proie qui leur est abandonnée, et se félicitent en regardant les caractère de feu.

SCENE VIII.

Pendant ce tems, le théâtre s'est couvert de nuages; la terre s'ouvre, il en sort une vapeur épaisse et sombre au milieu de laquelle sont des ombres, hommes femmes, enfans, qui désignent Nabuchodonosor comme leur meurtrier, et qui semblent appeler sur lui la vengeance céleste ; au faîte de cette vapeur est écrit en caractères de feu : *Hébreux massacrés*.

Nabuchodonosor, pendant ces divers apparitions, est en proie aux plus cruelles souffrances.

Tout-à-coup un fantôme couvert des habits et portant la couronne de Nabuchodonosor, paraît au fond et traverse la scène, poursuivi par un ange exterminateur, tenant dans sa main droite une épée flamboyante.

Tout disparaît au bruit du tonnerre; les esprits infernaux et les ombres s'abîment dans les entrailles de la terre, les nuages se dissipent, et l'on revoit l'appartement du roi.

SCENE IX.

Les yeux de Nabuchodonosor se r'ouvrent à la lumière; il regade autour de lui d'un air égaré, se lève, fait quelques pas, et recule avec frayeur, comme si cette horrible apparition s'offrait encore à ses regards. Dans ce moment les caractères de feu s'effacent, la couronne du prince se brise, ses riches vêtemens disparaissent, et il se trouve couvert d'habits grossiers.

SCENE X.

Arioc, Oreb et plusieurs officiers entrent; ils sont surpris à la vue d'un homme mal vêtu, qui s'est introduit dans l'appartement du roi; ils se disposent à le chasser, lorsqu'ils reconnaisssent Nabuchodonosor; à cet aspect, ils expriment la plus grande surprise et tombent aux peids de leur souverain. Nabuchodonosor les regarde avec égarement. Arioc, frappé de l'altération qu'il remarque dans ses traits, recule saisi d'effroi. Nabuchodonosor, effrayé par ce mouvement brusque, entre en fureur : il arrache une épée à l'un des officiers, et veut se précipiter sur Arioc; celui-ci évite le coup que le prince se dispose à lui porter; les officiers tentent de désarmer Nabuchodonosor; sa fureur s'accroît, il frappe d'estoc et de taille, renverse plusieurs hommes, se fait jour au travers de tous ses officiers, et fuit avec la rapidité de l'éclair.

SCENE XI.

ARIOC.

Quel changement subit !... sa raison est égarée ! Gra
quel malheur épouvantable !

OREB.

Qu'il cesse de vous surprendre ! Daniel existe encore, il est
dans ce palais, et lui seul est cause de tous les malheurs qui fon-
dent sur nous.

ARIOC.

Oui, c'est ce perfide qui attire sur nos têtes la colère des
dieux !

OREB.

Babyloniens, emparez-vous de ce misérable Israélite, que sa
mort appaise le ciel et satisfasse notre juste ressentiment

Tous les babylonies élèvent leurs armes pour ex-
primer leur contentement. Guidés par Oreb et Arioc,
ils sortent précipitamment pour se saisir de Daniel
et lui donner la mort.

*Le théâtre change et représente un affreux déserts ;
au cinquième plan sont d'énormes rochers qui traversent tout le théâtre. Au sommet de ce rocher
est une fournaise ardente. Dans le bas, est l'ouverture d'une immense caverne, fermée par des
portes d'airain. Quand ces portes sont ouvertes, on
voit, à travers les barreaux d'une grille, l'intérieur de la fosse aux lions. Au-dessus de la caverne, est cette inscription : fosse aux lions. On
y descend par une ouverture pratiquée au-dessus
de la caverne et fermée par une large pierre.*

SCENE XII.

Une foule de peuple arrive sur le rocher afin d'être
temoin du supplice de Daniel.

SCENE XIII.

Arioc arrive; les mages, les exécuteurs le suivent; ensuite viennent les guerriers qui conduisent Daniel chargé de fers. L'air calme du prophète contraste fortement avec la fureur qui anime les babyloniens. Tous l'accablent d'outrages et le chargent des plus odieuses imprécations. Daniel, tranquille, lève les yeux au ciel et semble demander au seigneur la force nécessaire pour mourir avec gloire. Lorsqu'il est arrivé sur le devant de la scène, on ouvre les portes d'airain, et l'on distingue, à travers les barreaux, des lions monstreux qui rugissent et semblent demander leur proie. Daniel les voit, et l'on ne peut apercevoir dans ses traits la plus légère émotion. Sa tranquillité augmente la fureur des Babyloniens; Arioc fait un signe, les bourreaux saisissent le prophète et l'entrainent au lieu du supplice.

SENE XIV.

Tout-à-coup Zéila, Misaël et Azarias se précipitent au-devant de Daniel, éloignent les bourreaux, et embrassent étroitement le prophète, jurent de le sauver ou de mourir avec lui. Les Babyloniens s'arrêtent.

OREB.

Ces infidèles sont aussi coupables que lui; qu'ils soient précipités dans la fousnaise. Guerriers, retenez Zéila.

On obéit; Misaël et Azarias sont séparés de Daniel; Zéila, malgré sa résistance, est conduite près d'Oreb et retenue par quelques guerriers. Misaël et Azarias sont entraînés sur la montagne; on y conduit le prophète par un autre chemin. Les portes d'airain se ferment. Les deux jeunes Hébreux sont précipités dans la fournaise; la pierre est levée, et Daniel descend dans la fosse aux lions. A l'instant où la pierre se referme sur lui tous les Babyloniens font éclater leur joie.

SCENE XV.

Dans leur ivresse, les babyloniens ont moins observé Zéïla; elle s'échappe de leur mains, gravit rapidement le rocher; on la poursuit, on est près de l'atteindre; aussitôt elle se précipite dans la fournaise. Oreb et les babyloniens sont consternés.

SCENE XVI.

Dans ce moment, le tonnerre se fait entendre, et se bruit se mêle aux rugissemens des lions; le ciel se couvre de nuages épais, la foudre éclate et disperse tous les babyloniens.

SCENE XVII.

Nabuchodonosor, pâle, défait et dans un égarement affreux, descend du haut des rochers, arrive sur la scène, la parcourt en désordre, et s'arrête près de la fosse aux lions.

Le calme se rétablit. Nabuchodonosor se penche près des portes d'airain et écoute attentivement. On entend le rugissement des lions et quelques cris plaintifs. Nabuchodonosor redevient furieux; il exprime, par sa pantomime, que Daniel est en proie à la rage des bêtes féroces; il s'attache aux portes d'airain et cherche à les ébranler. Ses effots sont inutiles, et il vient retomber sur l'avant-scène.

SCENE XVI I.

Dans ce moment deux anges, tenant chacun un rameau d'or dans la main droite, descendent du ciel en se croisant. L'un va se placer dans la fournaise, l'autre perce la roche et va se placer dans la fosse aux lions.

Nabuchodonosor, revenu à lui, s'est mis en prières.

SCENE XIX.

Les babyloniens, Oreb et Arioc à leur tête, arrivent par le bas de la scène ; ils entourent Nabuchodonosor qui les repousse avec horreur et, leur montrant la caverne, leur reproche avec amertume la mort de Daniel. Dans cet instant la foudre éclate, les rochers disparaissent ; toute la montagne devient une masse de nuages.

SCENE XX.

La fournaise devient un berceau de nuages azurés, au fond duquel est un groupe de nuages plus lumineux et au milieu JEHOVAH au centre d'un cercle de rayons brillans, qui annonce la présence de l'éternel. Sous ce berceau, on voit Misaël, Azarias et Zéïla à genoux, et en prières.

En bas, la caverne s'est de même transformée, elle devient une voûte de nuages, dans lesquels sont grouppés des anges. Sous cette voûte, est Daniel couché sur un lit de fleurs, les lions sont à ses pieds.

SCENE XXI.

A l'instant où ce tableau se forme, un ange paraî^t sur le devant de la scène, à gauche, portés par un nuage; Oreb et Arioc sont engloutis ; tous les babyloniens tombent à genoux et Nabuchodonosor se prosterne.

L'ANGE.

Les assassins du peuple de Dieu ont subi la peine

Daniel.   F

due à leur crime ; les hébreux ne sont pas tous tombés sous le glaive des bourreaux ; un jour, ils ren-
treront dans Jérusalem , ils élèveront un nouveau
temple au seigneur et posséderont une nouvelle puissance ; babyloniens, cessez de persécuter les serviteurs
du vrai Dieu ; roi de babylone, expie tes fautes, un
repentir sincère peut t'obtenir un pardon généreux.

TABLEAU GÉNÉRAL.

FIN.

www.ingramcontent.com/pod-product-compliance
Ingram Content Group UK Ltd.
Pitfield, Milton Keynes, MK11 3LW, UK
UKHW031741170726
13836UKWH00002B/817